Indispensables para Ratones de Biblioteca

Una Guía para Reseñadores de Libros y Creadores de Contenido Literario

de R.L. Zareva

***

Primera Edición

***

Compendia Publishing, 2025.

Traducida por María Laura Méndez Miranda.

Versión digital en español ISBN: 978-1-963038-83-5, publicada el 2 de junio de 2025.

ISBN de la edición de bolsillo en español: 978-1-963038-42-2, publicada el 4 de julio de 2025.

Primera edición en inglés en formato digital con ISBN: 978-1-963038-37-8, 1 de enero de 2025.

Foto de portada: Strahov Library, Praga, República Checa, de Tilia Lucida.

***

Library of Congress Control Number: 2025939269

Publicado por Compendia Publishing, Wilmington, DE, EE. UU.

https://www.compendiapublishing.com

AOS Publishing, 2025

Copyright © 2025

Mia Burrus

ISBN: 978-1-998662-46-3

Cover Artist: Chanelle Poupart

Visit AOS Publishing's website:

www.aospublishing.com

for Mila and Elsie

Aviso previo

Este libro contiene temas relacionados a diferencias geopolíticas y perspectivas antropológicas. No es apto para lectores con sensibilidad a ciertos temas o expresiones lingüísticas. Se recomienda discreción.

Esta publicación NO es apta para menores. La mayoría de edad puede variar de un área de jurisdicción a otra. En la ausencia de una guía o limitaciones claras de los organismos gubernamentales, la editorial y la autora sugieren que la edad mínima para leer esta publicación sea de 18 años.

Advertencia

La editorial y la autora apoyan la continuación de la educación y el aprendizaje. Esta publicación puede incluirse como una materia de estudio y crítica en las artes lingüísticas, la literatura, la cultura, el comercio, la economía del creador o cualquier otro departamento o facultad.

El manuscrito y la portada de esta publicación no han sido generados por ningún sistema de inteligencia artificial. Ninguna parte de esta publicación se puede usar para desarrollar o entrenar modelos, sistemas o tecnología de inteligencia artificial, sin excepción de ningún uso relacionado con la IA bajo la categoría de uso legítimo o de IA de uso general. Ninguna parte de esta publicación que haya sido puesta a disposición del público en línea podrá ser utilizada en prácticas de *web scraping*, *text mining* o *data mining* en general, o en cualquier uso transformativo relacionado con la IA.

Dedicatoria

A mis lectores.
No me importa cuándo leáis o hagáis una reseña de cualquiera
de mis libros publicados. Cuando alguien encaja mi libro en su
ajustado horario, ya significa mucho para mí.

***

A todos los creadores de contenido que me han reconocido en
internet. Gracias por darle la oportunidad a una autora que vino
desde la otra parte del mundo.

***

A todos los autores aspirantes que empezaron leyendo libros:
Seguid tiñendo esas páginas que tenéis ante vosotros con tinta (o
carbón, lo que prefiráis).
Cuando lleguéis al límite, ¡cruzadlo!
Girad la página y hacedlo otra vez.

Reader's Journal de R. L. Zareva

Reader's Journal es la versión en tapa dura del libro *Bookworm 101: A Guide for Book Reviewers and Bookish Content Creators*, con planificadores sin fechas, listas de tareas, y organizadores.

Versión de Morana and the Dragon ISBN: 978-1-963038-16-3

Versión de Lilith ISBN: 978-1-963038-20-0

Versión de Angel Satues ISBN: 978-1-963038-18-7

R. L. ZAREVA

Versión de Falling Angel ISBN: 978-1-963038-25-5

También de Rada Lyubomirova

Disponibles en distribución ampliada

 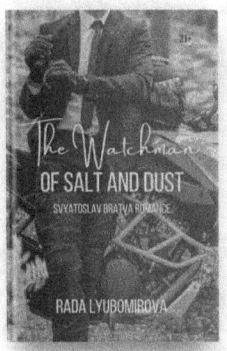

 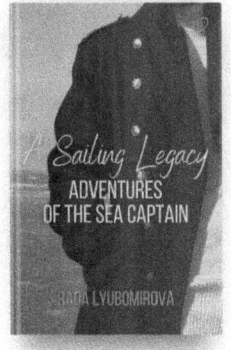

También de R. L. Zareva

Disponibles en distribución ampliada

1

Instrucciones de uso

Tanto si estáis leyendo la versión digital o utilizando la versión impresa de este libro, no os voy a dejar solos y confundidos como reseñadores literarios.

Los creadores de contenido que he llegado a conocer en redes sociales son personas maravillosas, independientemente de si les gusta mi libro o no.

Probablemente no muchos de mis lectores saben que la escritura técnica, crear manuales industriales y guías de usuario son parte de lo que hago como trabajo principal —por supuesto que están bien puntuados con sus respectivas comas, guiones y rayas.

En su mayoría no han salido a la luz. O bien son clasificados, gestionados bajo requisitos confidenciales, o bien se incluyen en acuerdos de confidencialidad (Non Disclosure Agreement) que puede que no los podráis encontrar. Se crean para servir diferentes propósitos que puede necesitar el público en general.

Antes de empezar con esta guía, necesito admitir que la intención era la de publicar una guía de usuario o una guía personalizada para lectores en general. Los lectores de la versión digital y en papel pueden tener ejemplos para construir un registro personal de acuerdo a las necesidades de cada uno.

Aquí os daré un atisbo de mi trabajo como miembro del personal de mi industria. Aquí y ahora puede que seáis lectores. Mañana podréis ser críticos literarios que hacen contenido para lectores.

Luego seréis periodistas que se someten a las críticas literarias o investigadores que realizan críticas a colegas. Algún día puede que también seáis autores y publiquéis vuestros propios libros. Deseo con todo mi corazón que crezcáis profesionalmente. Podéis considerar esta guía de usuario como vuestro compañero a lo largo de vuestro viaje. Otra cosa que revelar es que R. L. Zareva es mi seudónimo para publicaciones no ficticias y textos técnicos. No le he dicho a ningún miembro familiar que escribo ficción adulta bajo el seudónimo de Rada Lyubomirova, aun teniendo este manuscrito finalizado. Algunas partes de mi arte literaria pueden (o no) ser consideradas inaceptables en el lugar de donde vengo. Esa es la razón principal de mi anonimato en las redes sociales. No es meramente porque no quiera ser transparente como autora.

Pensad que no todo territorio es territorio de libertad de expresión. Mi equipo editorial ha estado manteniendo mi anonimato a toda cosa desde que decidí publicar mi primera novela. Aprecio encarecidamente la comprensión y consideración de los lectores.

2

Para leer

La lista para el presupuesto y priorización

La lista "Para leer" (de ahora en adelante TBR por sus siglas en inglés *To Be Read*) no solo recoge el libro que queremos leer, también la podemos utilizar como una herramienta personal para crear el presupuesto.

En la versión física del registro, hay espacio para incluir 100 libros. Cada lugar en la lista tiene una línea larga para escribir el título del libro y el nombre del autor, que son las dos materias que normalmente ponemos en nuestra lista TBR.

Con lo mucho que han crecido las redes sociales últimamente, lo más probable es que sigamos añadiendo más y más libros. No hay nada de malo en añadir más a la lista: yo también me declaro culpable de hacerlo.

No sería un problema que el lector tenga una cuenta mediana o grande en sus redes sociales. Es una práctica común entre los autores mandar libros o paquetes promocionales a creadores de contenido literario.

El problema viene cuando el lector solo está empezando su cuenta en la red con un presupuesto limitado, y se vuelve un problema aun mayor si el creador vive en un área de jurisdicción que tiene un coste de envío alto.

El precio puede ser el doble o el triple si el organismo gubernamental aplica tarifas en los bienes importados. Para evitar palabras engorrosas, de ahora en adelante nos referiremos al término "área(s) de jurisdicción" como "región/regiones".

Las compras de las bibliotecas pueden ser autorizadas más fácilmente que otras en los procesos de control fronterizo. Suelen ser consideradas como organizaciones del beneficio público.

Todos mis libros físicos están en distribución en todo el mundo. La editorial ha establecido un descuento del 55% para cada minorista y distribuidor (al menos por ahora esa es la tarifa). Espero que eso les dé margen para ofrecer un descuento a los lectores.

¿Os podéis imaginar el disgusto que nos llevamos al enterarnos de que los precios de mis libros estaban inflados en Oceanía? ¿A pesar de tener ese descuento al por mayor seguían teniendo precios tan altos?

Desafortunadamente, sí. La editorial y yo seguimos tratando de darle una solución. Mientras tanto, os rogamos que nos tengáis paciencia; nuestra intención nunca ha sido la de establecer un precio de venta alto.

El descuento es solamente para compensar el esfuerzo de los minoristas en los procesos de trámites de aduanas. Esperamos que gracias su número de identificación fiscal más libros puedan cruzar las fronteras más rápido. Incluso de esta manera, a veces no es tan fácil como esperamos que sea.

No hay ninguna copia firmada de mis libros porque no he tenido la libertad de firmarlos y enviarlos. El proceso de redirección podría costar más tiempo a los lectores.

Yo misma, la autora de los libros, ordené las copias físicas en mayo de 2024, pero incluso cuando este manuscrito está terminado, esta servidora todavía sigue esperando a que lleguen.

Cualquiera que haya notado que algunos de mis trabajos de ficción están disponibles solo en versión digital, os ruego que tengáis en cuenta que no he puesto las manos en las copias físicas todavía. No es que no quiera publicar todos mis libros en versión impresa.

A veces te encuentras con libros de otros autores que solo están disponibles en versión digital o viceversa. Tened en cuenta que hay muchos factores que considerar en las casas editoriales y que tampoco compartimos todos nuestros desafíos en las redes sociales.

La versión impresa de este libro es un caso diferente. Tras más de una década de redacción técnica, he aprendido a delegar el proceso de garantía de calidad. Esta guía de usuario es no ficticia; la obra ficticia, por otro lado, es un mundo aparte.

***

Es el momento de continuar con la lista TBR. Cuando veáis las casillas pequeñas, son para ayudaros a establecer las prioridades. Si tenéis un presupuesto suficiente, poned una marca en la casilla en frente de las palabras "comprar". Esta alternativa es para saber si vuestra biblioteca local tiene ese libro.

Las bibliotecas también han sido un pilar en el lugar de donde vengo. A los lectores no les debería avergonzar usar sus carnés de biblioteca. Al menos, eso pienso yo.

Solo tenéis que hacer una petición a los bibliotecarios para que pidan el libro. Esto no solo os ayuda a vosotros, sino también a otros lectores que igualmente reservan un presupuesto.

La editorial y yo agradeceríamos que los lectores den uso de sus carnés de biblioteca en lugar de encontrar a alguien que supuestamente intente piratear algún libro. Esa es una de las razones por las cuales seguimos sacando las licencias de eBooks para regalar.

Los lectores pueden conseguir las licencias para acceder a nuestros libros escaneando o haciendo clic en el código QR que dejamos debajo. No es necesario ningún inicio de sesión o solicitud para conseguir las licencias; son para que los leáis.

Una vez hayáis leído el libro, las casillas grandes son para que pongáis una marca, y a por el siguiente libro en la lista.

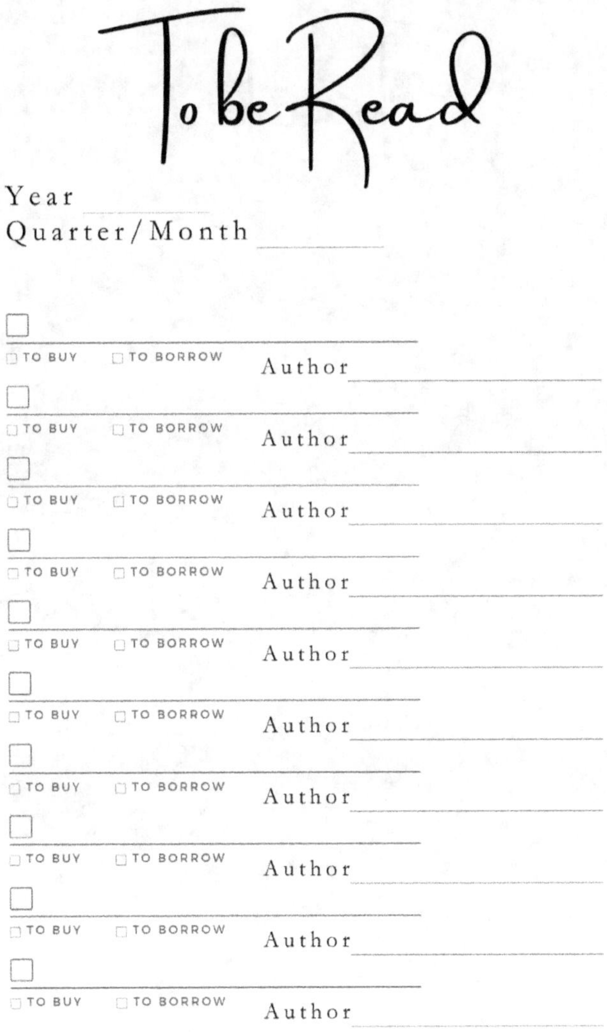

To be Read

Year _____
Quarter/Month _____

☐
☐ TO BUY   ☐ TO BORROW   Author _____

☐
☐ TO BUY   ☐ TO BORROW   Author _____

☐
☐ TO BUY   ☐ TO BORROW   Author _____

☐
☐ TO BUY   ☐ TO BORROW   Author _____

☐
☐ TO BUY   ☐ TO BORROW   Author _____

☐
☐ TO BUY   ☐ TO BORROW   Author _____

☐
☐ TO BUY   ☐ TO BORROW   Author _____

☐
☐ TO BUY   ☐ TO BORROW   Author _____

☐
☐ TO BUY   ☐ TO BORROW   Author _____

☐
☐ TO BUY   ☐ TO BORROW   Author _____

Imagen 2.1 TBR Plantilla de Lista

Imagen 2.2 Plantilla de Seguimiento

Stationary
AND
SUPPLIES

☐ _____ ☐ TO BUY ☐ IN STOCK _____

☐ _____ ☐ TO BUY ☐ IN STOCK _____

☐ _____ ☐ TO BUY ☐ IN STOCK _____

☐ _____ ☐ TO BUY ☐ IN STOCK _____

☐ _____ ☐ TO BUY ☐ IN STOCK _____

☐ _____ ☐ TO BUY ☐ IN STOCK _____

☐ _____ ☐ TO BUY ☐ IN STOCK _____

☐ TO BUY ☐ IN STOCK _____

Imagen 2.3 Plantilla de Material y Suministros

3

Advertencias

en el anverso

La prohibición y censura de un libro no son algo que nos resulte poco familiar. Al menos, en el lugar de donde vengo, crecimos bajo esta norma.

En la portada de este libro hay un símbolo de "18+". Si mi seudónimo de "Rada Lyubomirova" no fuese mencionado en este libro, podríamos haber puesto "14+" en él.

Los organismos gubernamentales establecen las normas de forma diferente de una región a otra. Puede ser de 9, 15, 16, 17, 18, 19, 20 o incluso 21 años. Debido a ello, la editorial y yo utilizamos la más alta en la portada de mis obras de ficción para adultos.

A pesar de lo moralmente grises que son los personajes de mis libros, sabemos que poner "21+" en la portada es lo correcto, así que consideradlo como que nuestra brújula moral se calibra antes de la publicación.

No, el símbolo en la parte superior de la portada nunca fue dirigido a los lectores. No todo es lo que parece.

Puede que parezca una nimiedad, pero eso es parte de la redacción técnica para guiar a los bibliotecarios y al personal de las librerías. Queremos evitar que mis libros se coloquen en la sección incorrecta de la biblioteca o librería.

Nos será satisfactorio para la editorial y para mí saber si esos símbolos os resultan de ayuda a la hora de decidir si mis libros son adecuados para vuestra edad.

***

Sin embargo, se ha generado un nuevo debate en cuanto al "Aviso de contenido" o "Advertencia de sensibilidad".

Hasta ahora, no hemos encontrado muchos libros publicados por compañías editoriales tradicionales haciendo uso de estas advertencias. Presuntamente, esto es típico de las editoriales independientes o las autoediciones.

El discurso que ha estado en circulación es que o bien la lista de advertencias se asemeja demasiado al menú de un restaurante, que arruina el elemento sorpresa de la historia; o bien se critica la lista de advertencias porque no todos los elementos sensibles que tiene cada uno de los lectores se encuentra en ella como en un menú de restaurante.

Independientemente del motivo, es conveniente desglosarlos. En lo que concierne a mis libros, aquí está la plantilla de "Aviso de contenido" en el prólogo. Las explicaciones están numeradas en relación con los números en superíndice.

"Esta publicación contiene ___, ___, y ___. No es adecuada para lectores con sensibilidad a ciertos temas o expresiones del lenguaje. Se recomienda discreción.[1] Esta publicación NO es apta para menores. La mayoría de edad puede variar de un área de jurisdicción a otra. En la ausencia de una guía o limitaciones claras de los organismos gubernamentales, la editorial y la autora sugieren que la edad mínima para leer esta publicación sea de de 21 años."[2] La advertencia anterior va dirigida a los cuerpos gubernamentales (o atuoridades) donde se localiza el lector. Está redactada de manera estándar, genérica y obviamente para nada como un menú de restaurante.

1. Esta advertencia es para cumplir con los requisitos de material de entretenimiento en ciertas regiones. Todavía existen comités de censura (o agencias) en otras partes del mundo. Por muy surrealista que suene, hoy en día no en todos los rincones del mundo la libertad de expresión está protegida.

2. En esta región donde la mayoría de edad se establece más baja de lo que sugerimos, el lector que ya no es considerado un menor por los organismos gubernamentales (o autoridades) podrá leer cualquiera de mis libros. Aunque mis obras ficticias son ficción para adultos llenas de escenas románticas explícitas, el lector podrá hacerlo. Ni a mí ni a la editorial nos corresponde juzgar a nadie por ser demasiado joven para leer algo o no, siempre y cuando el lector respete las limitaciones que se imponen en dicha región.

***

La "Advertencia" en el prólogo de mis libros nunca ha sido dirigida a los lectores, sino a otras partes relacionadas. A continuación os dejo el modelo para mis obras de ficción:

"Esta publicación es una obra ficticia inspirada en ___, con algunas partes añadidas por un propósito dramático.[3] Esta obra de ficción tiene solo la finalidad de entretenimiento y NO debe considerarse como un hecho ni como base de teorías. Sin embargo, la editorial y la autora apoyan la continuación de la educación y el aprendizaje. Esta publicación puede incluirse como una materia de estudio y crítica en las artes lingüísticas, la literatura, la cultura, la psicología, o cualquier otro departamento o facultad.[4] Al final de este libro proporcionamos una bibliografía para que los lectores puedan profundizar. Si esta publicación lleva a los lectores a releer las fuentes, entonces esta publicación artística literaria sirve a su cometido. [5] El manuscrito y la portada de esta publicación no han sido generados por ningún sistema de inteligencia artificial. [6] Ninguna parte de esta publicación se puede usar para desarrollar o entrenar modelos, sistemas o tecnología de inteligencia artificial, sin excepción de ningún uso relacionado con la IA bajo la categoría de uso legítimo o de IA de uso general. Ninguna parte de esta publicación que haya sido puesta a disposición del público en línea podrá ser utilizada en prácticas de *web scraping, text mining* o *data mining* en general, o en cualquier uso transformativo relacionado con la IA."[7]

3. La primera parte es para revelar que la obra es una adaptación o literatura adaptada. Lo aprendimos del mito de Medusa. Los tatuajes de su figura han empoderado a las supervivientes de abuso. Eso es de acuerdo a la versión romana de su mito, una narración de Ovidio en *Metamorfosis*. Fue una adaptación de la versión griega del mito. En *Teogonía*, Hesíodo describe a Medusa de manera bastante más diferente.

4. Sin necesidad de hacer el papeleo extra para contactar con la editorial o conmigo, las instituciones de educación superior o los programas de investigación pueden utilizar mis libros. Nuestra editorial independiente sigue siendo un pequeño equipo para hacer esto; esta parte nos ahorrará algo de tiempo en dar la aprobación administrativa.

5. Esta es para hacer más énfasis en el punto número 4. Es para ahorrarles el tiempo y esfuerzo en encontrar las fuentes principales. No nos interesa hacer de porteros ni a la editorial ni a mí. Esos trabajos académicos, informes de investigación o publicaciones periodísticas pueden darnos información más valiosa en el futuro. También son para que otros, de la misma manera, aprendan.

6. Los lectores pueden pensar que la oración es para dar transparencia por parte del autor hacia los rectores, pero no es así.

Esta oración es para que las plataformas de distribución del libro (y del agregador) clasifiquen los libros correctamente. 7. La última parte es para darle la primera capa de defensa contra el *mining* y el *scrapping*. No es que no queramos que los potenciales lectores vean el porcentaje de copias, pero necesitamos que toda la parte de la publicación permanezca tras la barrera de pago. Se trata del "uso leal" (en EE. UU.) o "uso general" (en Europa).

Independientemente de los destinatarios, si la advertencia y descargo de responsabilidad proporciona a mis lectores mejores experiencias en la lectura, podremos esperar mejores respuestas.

4

Reseña editorial

Prácticas para principiantes

Ha habido una discusión recurrente en las redes sociales sobre si el proceso de reseña de un libro puede ser un servicio de pago o permanecer como una actividad voluntaria. ¿Os suenan familiares algunas de estas preguntas?

1. ¿Es ético obtener una reseña pagada?
2. ¿Es legal pagar por una reseña de libro?

De lo que no se suele hablar es sobre el tipo de reseña en el discurso. Hay reseñas de clientes (o usuarios), reseñas editoriales, y revisiones inter pares.

Las reseñas de clientes también son conocidas como reseñas de usuarios. Abordaremos este tema en los próximos dos capítulos. Por ahora, discutiremos sobre los procesos de reseñas editoriales y revisiones inter pares.

La reseña editorial es una práctica común en la industria editorial, en los programas de investigación y desarrollo (I+D) y el periodismo. Espero que este capítulo sea beneficioso para cualquiera de vosotros que quiera estudiar una carrera de estos ámbitos.

***

La reseña editorial en I+D es parte del proceso de revisión inter pares.

La fase de reseña editorial implica cómo el trabajo escrito comunica claramente el valor. El reseñador se centra sobre todo en cómo la claridad puede facilitar la comprensión a distintos tipos de usuarios (o lectores). No todos los lectores son clientes. La fase de revisión inter pares se enfoca en tecnicismos y aplicabilidad. Esto es cuando el trabajo escrito se evalúa como válido y veraz y, más importante, cómo los valores se pueden aplicar en operaciones o en el mundo cotidiano en general.

No cualquiera o cualquier individuo puede reseñar libros no ficticios, trabajos de investigación, o publicaciones en revistas. El revisor tiene que ser académico en el mismo campo de estudio o en un campo relacionado, un licenciado o certificado practicante en el campo o un experto en la industria.

Puede ser o no ético pagar por esas reseñas editoriales y servicios de revisión inter pares. El tipo de institución (o negocio) y los requerimientos de profesión determinan la ética de los procesos de reseña.

Todo programa de I+D tiene su propia estructura y estándar, lista de contenido y formato para las reseñas. Hasta los diferentes campos de la industria o estudios tienen estándares propios distintos de otros.

Como no soy ni experta en todas las industrias ni en todos los campos de estudio en el planeta, no daré más indicaciones de este tipo de reseña editorial e inter pares.

***

Los periodistas tienen que realizar su trabajo siguiendo el código de ética profesional. Imaginad al Columnista A que tiene la cualificación en el campo de estudio del tema del libro que reseña. El periodista B tiene suficiente experiencia en esta industria en particular antes de trabajar en una compañía mediática.

Cuando trabajen en equipo puede que sean o no considerados iguales o expertos para reseñar el libro. Podemos incluso considerar su pequeño equipo como un comité de reseña por sí mismo.

En periodismo, el redactor jefe o intermedio es el que hace la reseña editorial del artículo de un manuscrito. Luego es un proceso de reseña editorial de un artículo de una reseña editorial de un libro.

Estos profesionales trabajan de manera independiente y es su compañía la que les paga. Por ello, el proceso de reseñar un libro se ha vuelto un trabajo remunerado, como en la remuneración entre empresario y empleado.

¿Puede un artículo de reseña editorial ser clasificado como una reseña pagada indirecta? Eso depende de la percepción de cada uno.

Para la prensa escrita, el conteo de palabras depende en gran medida del espacio o bloque asignado. El tipo de fuente y el espaciado están estandarizados por la compañía. Algunas veces la columna se tiene que llenar con más palabras, otras, hay que editar un artículo para que quepa en el espacio.

En los medios digitales, los requisitos de número de palabras pueden variar. Algunas compañías tienen en cuenta la interfaz de usuario y la experiencia del usuario a lo largo del artículo.

La interfaz de usuario está relacionada con todos los elementos que se muestran en el artículo online. La disposición del texto, las imágenes, los stickers, y otros elementos para retener el tiempo de visualización de los lectores en la página del artículo.

La experiencia del usuario consiste en la interacción de los lectores con el artículo publicado, como los likes, comentarios, y veces que se comparte. Eventualmente, puede aumentar el interés de los lectores por el libro reseñado o generar rechazo.

***

Puede ser un área gris cuando un autor publicado realiza un servicio de reseña editorial de un libro de otro autor.

Aunque la categoría o tema sea similar al que escribe el reseñador, es necesaria más consideración sobre si la reseña editorial puede ser un servicio remunerado. Comparado a la práctica en I+D, la reseña editorial de un libro puede o no estar bajo el amparo de la revisión inter pares.

Un usuario me comentó en redes sociales que debería ser la editorial quien pague por el servicio de reseña editorial y que el autor no debería hacerlo. Ese comentario en particular por sí solo nos presenta otro tema que discutir.

Cada vez hay más libros autopublicados que entran en el mercado. Algunos de los autores pueden publicar como individuos; otros pueden hacerlo bajo el registro de una entidad empresarial.

No todas la compañías de autoedición planean ser editoriales independientes que publican el trabajo de otros. Algunas de esas compañías siguen publicando solo el trabajo de sus fundadores. Vamos a profundizar más en este tema.

1. Por parte de la empresa de autoedición del autor, ¿se considerará que el autor no es ético por contratar y remunerar a reseñadores editoriales?

2. Por parte de la entidad empresarial, ¿se considerará ético que el autor autoeditor pague por los servicios de reseña editorial?

Firmar un documento (o contrato) en nombre de la compañía es diferente que firmarlo como un individuo. Os voy a dejar a vosotros, los lectores, con la siguiente pregunta abierta.

Cualquiera que sea la respuesta, eventualmente nos llevará a otro debate. "¿Cómo separamos al artista del arte cuando el artista está produciendo y publicando el arte en nombre de una compañía?" Hablaremos sobre la Economía del Creador más adelante en este libro.

***

Cada editorial tiene sus propias estrategias de *marketing* y ventas. Obtener reseñas editoriales suele ser una de ellas.

Escoger a qué proveedor de un servicio de reseña editorial contratar es a veces una estrategia de ventas, ya no del lado del marketing. También puede ayudar a las divisiones de compras o adquisiciones de las bibliotecas a tomar decisiones sobre qué libro llevar. No todas las bibliotecas reciben grandes fondos.

Un proveedor tiene una audiencia demográfica diferente a otros. Tras leer las reseñas editoriales del proveedor de servicios de confianza, la biblioteca puede ser capaz de tomar una decisión con los datos suficientes. Aquí es cuando los lectores que se convierten en reseñadores editoriales juegan un rol importante en la comunidad.

Los proveedores de servicios establecen sus propios requisitos de conteo de palabras para los reseñadores. Algunos establecen 200 palabras, 300 palabras o 400 palabras; otros incluso establecen un vídeo de 15 minutos. Los requisitos aumentan o disminuyen de acuerdo con la trayectoria de los proveedores en el sector.

Las tarifas por servicio también varían, tanto del proveedor hacia la editorial como del proveedor hacia los reseñadores. También se debe al número de expertos disponibles para hacer la reseña en comparación al número de publicaciones de un tema o categoría en particular.

El proveedor de servicios no acepta todos los libros. Puede deberse a la disponibilidad del capital humano, a la categoría del libro que no se alinea con su marca o audiencia, o simplemente porque el plazo es demasiado cercano a la fecha de publicación.

La editorial puede quedarse la reseña editorial como documentación o publicarla en su página web. Los puntos clave suelen imprimirse como una cita en la contraportada del libro publicado. Esta es una de las razones por las que los proveedores suelen establecer un tiempo límite antes de la fecha de publicación.

***

En la versión en físico, hay espacios para que los periodistas practiquen las reseñas editoriales. Todo el mundo empieza a correr aprendiendo a caminar, incluyéndome a mí. Aunque uno puede empezar a caminar de bebé, otros lo hacen desde niños.

La reseña editorial que elaboro para los trabajos de mis colegas forma parte del proceso de creación de documentación técnica en un campo de trabajo específico. Aunque eso sea parte de mi deber en mi trabajo principal, no proporciono (ni se supone que lo haga) ningún servicio de reseña editorial para trabajos escritos para otras industrias.

Os ruego que no os comparéis con el lugar en el que estoy ahora. No como reseñadora editorial en mis áreas de especialización, ni como una autora publicada al público general. No perdáis el tiempo sufriendo el síndrome del impostor.

Para terminar este capítulo, dejaré el juicio sobre la ética de la conducta a cada industria y la legalidad de las prácticas de operación al órgano de gobierno de cada región. No me corresponde emitir juicio alguno sobre dichos servicios de pago.

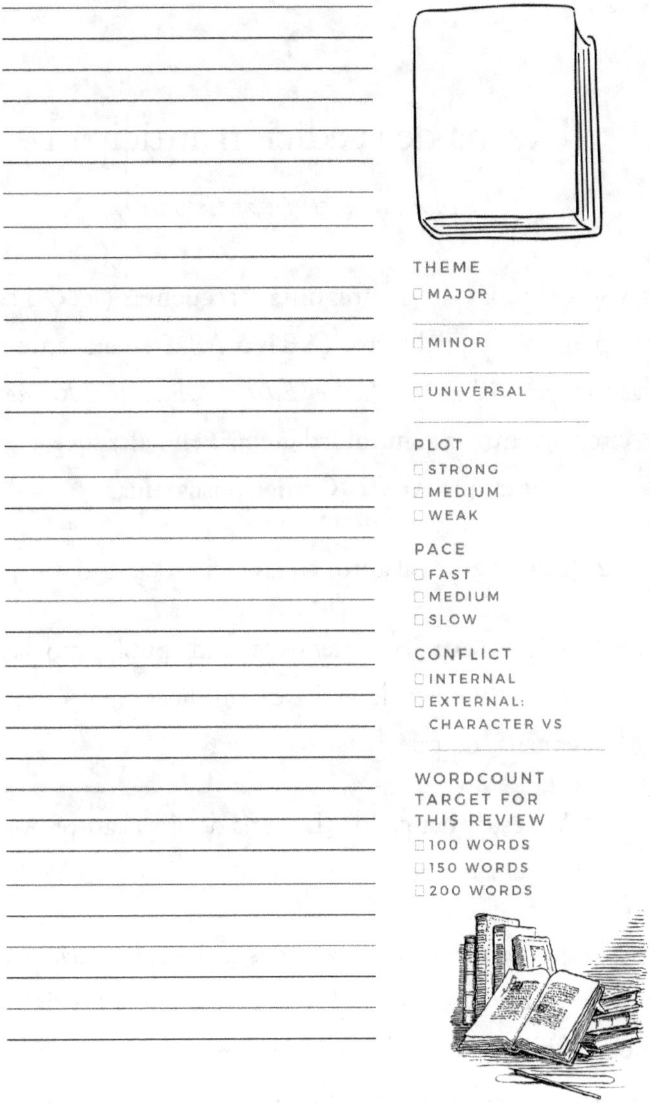

THEME
☐ MAJOR

☐ MINOR

☐ UNIVERSAL

PLOT
☐ STRONG
☐ MEDIUM
☐ WEAK

PACE
☐ FAST
☐ MEDIUM
☐ SLOW

CONFLICT
☐ INTERNAL
☐ EXTERNAL:
  CHARACTER VS

WORDCOUNT
TARGET FOR
THIS REVIEW
☐ 100 WORDS
☐ 150 WORDS
☐ 200 WORDS

Imagen 4.1 Plantilla de reseña editorial

5

Reseña de la edición anticipada

(o copia de lectura anticipada)

Estas son algunas de las preguntas frecuentes (*FAQs*) sobre la edición anticipada del lector (ARE o ARC en adelante por sus siglas en inglés *Advanced Reader Edition/ Advanced Reader Copy*) que circulan entre la comunidad literaria en redes sociales:

1. ¿Qué es una ARC? ¿Cómo consigo una?

2. ¿Etiquetamos al autor en las redes sociales o no?

3. Si tiene 3 estrellas o menos ¿cuándo publicamos la reseña? ¿La publico en la fecha de publicación o espero unas semanas después?

4. ¿Y si estoy ocupado? ¿Debería decirle al autor que subiré la reseña tarde?

Por lo que hemos visto en las redes sociales, hay más elementos esenciales sobre este tema. Hasta la fecha, mi editorial y yo no somos partidarios de dar las ARE.

La primera razón es que todavía tenemos un equipo pequeño como editorial independiente, puesto que somos viajeros que no tienen el espacio todavía de añadir más tareas a sus agendas. La segunda razón es que queremos dar los productos finales en lugar de la edición previa a la publicación.

Llamamos reseñadores de la ARE a sus destinatarios; al menos en nuestro equipo, no nos referimos a vosotros como lectores de la ARC. El término "Lector de la copia anticipada" no suena bien, ¿verdad? Además, puede que no proyecte la misma idea.

Algunas brujas pueden decir que las palabras son conjuros. Eso puede ser verdad, porque los escritores embaucan con las palabras que usamos, ¿no es así? Os ruego que no le deis importancia a mi broma; ese no es el punto aquí.

Si usamos el término "lector de la ARC", la acepción puede ser la de leer el libro. Sin embargo, lo que los autores y las editoriales buscan es que los destinatarios lean y hagan una reseña del libro, así que también podremos ahorrarnos algo de tiempo y esfuerzo aclarándolo desde el principio.

El término ARE puede que también suene poco familiar a vuestros oídos. Al menos, en nuestro pequeño equipo llamamos a la edición previa a la publicación ARE, como el dios griego Ares. Suena más teatral para nosotros.

Tened en cuenta que esta autora ha estado esforzándose para hacer que esta guía de usuario suene un poco más seria para que los lectores me tomen en serio. Pero hasta ahora, la autora no ha tenido éxito en lograr este cometido.

Cuando ejerzo en mi actividad principal, verme y actuar estoica es necesario la mayoría del tiempo. Así que cuando no estoy haciendo mi actividad principal, tengo tendencia a dar rienda suelta al humor, el juego de palabras o la charla; solo se salvan el sarcasmo y el ingenio.

Sí, por supuesto, trabajar en un campo mayoritariamente masculino tiene sus propios retos.

Escribir trabajos de ficción siempre es como tener un arrebato emocional. No tengo ganas de trabajar cuando me involucro en proyectos de ficción; el autor se lo pasa pipa en el patio de recreo. Incluso mientras trabajo en esta proyecto de guía de usuario siento que estoy hablando con vosotros con familiaridad. No sabéis las lágrimas que han caído en este libro hasta ahora, que todavía serán más hasta terminar este libro. El equipo editorial seguramente añadirá más condimentos en los últimos cuatro capítulos.

***

En algunas regiones, la edición previa a la publicación necesita un ISBN diferente (o también llamado ISBN provisional) que el que va a ser publicado en el mercado. Esos dos sirven para diferenciarlos mediante SKU, de modo que las copias previas a la publicación no puedan revenderse ni redistribuirse a terceros.

Lo que, a nuestro parecer, los receptores necesitarían preguntar antes de inscribirse en el programa de reseña de la ARE es lo siguiente: "¿Esta copia es el producto final o una edición previa a la publicación?

Es probable que los autores o las editoriales no revelen la diferencia entre las dos. Una de las razones es para evitar el riesgo de piratería. A pesar de todo, la pregunta puede ayudar a los reseñadores a hacer sus reseñas en base a la información dada para cuando las ARE sean distribuidas.

No se trata de bajar el estándar del sistema de calificación que sostienen los lectores; sino que, con suerte, los redactores comprendan del todo que la edición previa a la publicación que se les da no es el producto final.

¿Puede la versión mantener el listón al mismo nivel que la versión final en el sistema de calificación? Eso depende de la percepción de cada uno y puede diferir de un redactor a otro.

Hay dos posibles casos aquí: si las ARE son la edición previa a la publicación, puede que las reseñas de estas no entren en la categoría de reseñas de clientes. Es más probable que sean parte de la estrategia de *marketing*.

En este primer caso, los reseñadores de las ARE se convierten en representantes que ayudan a las editoriales a vender el libro. Los reseñadores pueden necesitar encontrar factores específicos mientras las leen. He aquí algunas de las cosas que se pueden destacar:

1. ¿Quién será el lector ideal para el libro? Sus intereses, sus preferencias temáticas, sus antecedentes, y cualquier tema relacionado a los factores demográficos o incluso socioeconómicos.

2. ¿Por qué debería leer todo el mundo el libro independientemente del precio? En la fase de ARE, el precio tal vez no ha sido anunciado todavía. Es mejor

asumir que tendrá un precio muy superior al precio medio. Puede que la editorial o autor necesiten que los potenciales lectores perciban que el libro "vale lo que cuesta".

***

Si las ARE son el producto final, hay una gran posibilidad de que la editorial vea las reseñas de las ARE como reseñas de los clientes. En este caso, tendremos más indicaciones en el siguiente capítulo.

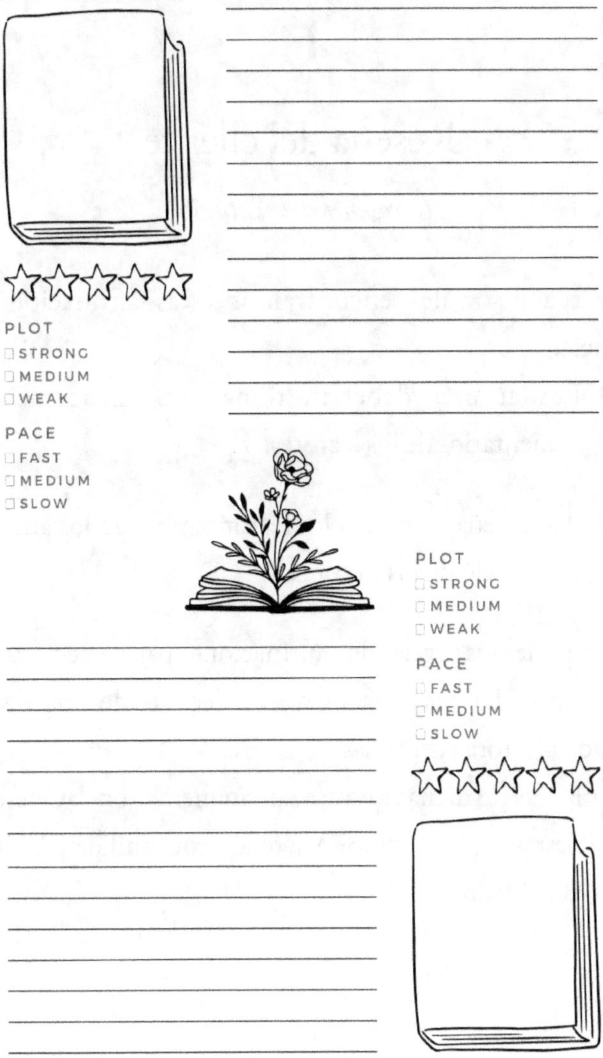

☆☆☆☆☆

PLOT
☐ STRONG
☐ MEDIUM
☐ WEAK

PACE
☐ FAST
☐ MEDIUM
☐ SLOW

PLOT
☐ STRONG
☐ MEDIUM
☐ WEAK

PACE
☐ FAST
☐ MEDIUM
☐ SLOW

☆☆☆☆☆

Imagen 5.1. Plantilla de reseña de ARE

6

Reseña del cliente

(o reseña del usuario)

En las redes sociales encontramos estas afirmaciones con frecuencia:

1. Los autores deberían tomar en consideración los comentarios de los lectores.

2. ¡Las reseñas son para los lectores, no para los autores! Es un espacio de los lectores.

Como podemos ver, las dos afirmaciones parecen contradecirse mutuamente. La mayoría de veces, leo las dos partes de la comunidad lectora entre risas.

Las palabras no dichas que cruzan mi mente son "¿Queréis que leamos vuestras reseñas, o no? Me tenéis confundida." Y ahora, el silencio ha hablado.

***

Ha habido autores aparte de mí con una confusión similar sobre si los lectores quieren que escribamos. En internet encontramos tantos "Qué debe y no debe hacer un autor" o "Lo que puede y no puede hacer un autor" que vienen, la mayoría de veces, de autores no publicados.

Una vez, respondí a uno de los comentarios de un autor en un post de otro autor con algo como "...o son aspirantes a autores, pero... aún no han llegado a la parte de 'llorar hasta dormirse por la noche tras publicar el libro'".

La fase de publicación del libro es una locura. Es un negocio, pero seguimos siendo seres humanos con sentimientos. Hay tantas emociones envueltas cuando creamos nuestro arte literario.

No todos los procesos administrativos se publican (o deberían publicarse) en línea.

Hay múltiples fases de edición en la publicación de un libro. Si no lo sabíais, ahora sí. La autoría es un negocio en la industria editorial; algunos incluso se refieren a ella como emprendimiento de autor.

En mi trabajo principal, la mayoría de veces digo, "Eeehh... ¡No voy a soltar la sopa, gente! Es un tema confidencial." Por supuesto, es la versión más refinada, en la que se han eliminado las expresiones lingüísticas explícitas. Eso sí, la confidencialidad es mucho mayor que los acuerdos de confidencialidad firmados.

El emprendimiento del autor es una mentalidad y ética de trabajo en el negocio de trabajos editoriales con derechos de autor. Casi todo negocio tiene sus propios "secretos empresariales" que mantener. Esa es una de las funciones de los acuerdos de confidencialidad.

No todo el mundo está acostumbrado a trabajar en las sombras. Nada de lo que yo escribo en esta guía de usuario puede ver la luz salvo que la editorial lo apruebe para ser publicado. Hay mucha información en esta guía de usuario de la que no se ha hablado en las redes sociales.

Si esta publicación puede dar a cualquier aspirante a autor un atisbo de visualización a través del velo durante la publicación, entonces este libro sirve para guiar a otros.

El aspirante traspasará ese velo cuando empiece a escribir su primer libro. Cuando el aspirante atraviese el velo, entonces las cosas que tratamos en esta guía de usuario le resonarán.

En el caso de que la soledad os llame a la puerta, releed este libro; no estáis solos en la oscuridad, porque estamos en esto juntos construyendo nuestros legados. Aquellos que dicen o nos cuentan los "Qué debe y no debe hacer un autor" o "Lo que puede y no puede hacer un autor" puede que no se den cuenta, pero nuestras artes literarias son nuestros legados, no los suyos.

***

Es hora de volver a la afirmación "Los autores deberían tomar en consideración los comentarios de los lectores".

Mientras reflexionaba en la afirmación anterior, he aquí un espejo para cualquiera que lo necesite: "¿Eres un crítico editorial o un colega que reseña el trabajo escrito?"

Una vez superada la fase de lectura beta, los procesos de edición ya forman parte del pasado. Algunos lectores pueden no darse cuenta de ello. No habrá vuelta atrás a las fases de edición usando el mismo ISBN al mismo tiempo.

He aquí otro espejo en caso de que alguien necesite uno extra: "¿Eres un editor profesional? Si es así, ¿te hemos dado alguna compensación por tu servicio de edición?"

Si la respuesta a las preguntas en esta sección es un duro "no", entonces tenemos que ver tus comentarios como reseñas de cliente (o usuario) para las futuras ediciones del libro. Eso será otro proyecto a realizar con un nuevo plan de presupuesto. Personalmente, preferiría llamarlo "reseña del cliente" en lugar de "reseña de usuario". Algún día, con suerte, estaréis acostumbrados a mi escritura. La palabra consumidor es diferente a la de cliente en los negocios.

En cuanto a la afirmación, "¡Las reseñas son para los lectores, no para los autores! Es un espacio de los lectores" va a ser una inevitable área gris para los autores autopublicados. El negocio tiene que ser evaluado periódicamente.

Las reseñas de los clientes se convierten en la retroalimentación de estos para la empresa. Cuando un autor saca una autopublicación del libro, el autor es, en efecto, la empresa. El espacio de la reseña de los clientes entonces se fusiona con el espacio del autoeditor al mismo tiempo.

Hay autores que no son partidarios de leer esas reseñas de los clientes. Podemos contratar personal para que hagan la evaluación en nombre de la empresa. La evaluación consiste en prever el futuro de las operaciones.

***

Hemos enviado innumerables de ellas a creadores de contenido editorial. Seguimos promocionando contenido para mis romances contemporáneos en las redes sociales.

Y, todavía, mis trabajos contemporáneos que habían sido planeados serán pospuestos.

Tendré el límite de una publicación contemporánea anual. Un trabajo publicado en un año es suficiente razón para que esté agradecida.

Esta autora está contenta de que aún se podrán publicar las novelas históricas como se había planificado. No tengo otra opción que estar contenta; Rada literalmente significa "contento". Puede que os preguntéis las razones de la postergación ahora.

Es por una cosa: los informes de compensación mensuales de todas las plataformas de distribución. Desde la perspectiva empresarial, los informes son la retroalimentación. Hemos estado impulsando los trabajos contemporáneos con regularidad, pero ha sido el romance histórico el que converge.

Nos tomó casi un año revisar mi primera novela hasta la segunda edición. Durante la segunda revisión, pocas veces he publicado algo sobre mis novelas históricas de romance. Mis romances históricos siguen creando compensación sin ser promocionados en las redes sociales.

Esas conversiones siguen llegando, sobre todo desde fuera de Estados Unidos, lo cual me hace cuestionarme si el seudonimato VPN realmente funciona.

Las analíticas de las redes sociales coinciden en su mayoría con la ubicación seudónima. Cuando las comparamos con los informes de compensación, parece haber dos polos magnéticos diferentes. A pesar de ello, estamos agradecidos de cada conversión hecha en cualquier parte del planeta Tierra.

Puede que esté tan perdida como tú; no sé cómo ha ocurrido de esa manera. Si eres un autor (o aspirante a autor) o un creador de contenido editorial, te ruego que no seas duro contigo mismo en cuanto a las redes sociales.

***

Lo sorprendente es que las conversiones han sido más regulares desde que subimos el precio del ebook. Ahora hay otra discusión sobre los precios de los ebooks.

Una vez estuvimos perdidos tras revisar un libro. No sacamos al público la mayoría de mis trabajos técnicos como para que necesitasen un ISBN.

Los miembros del equipo de la editorial tienen experiencia en publicaciones y en compañías de medios de comunicación, pero no en Estados Unidos. Cada región tiene sus propias leyes y regulaciones.

En algunas partes del mundo ha habido escasez de ISBN, lo cual es una posible desventaja de que los cuerpos gubernamentales los den gratuitos. Muchos de los libros de donde venimos se retrasaron, o incluso cancelaron, por ello. Mi editorial y yo somos de esas regiones.

Nos tomó algo de tiempo investigar si necesitamos un ISBN diferente para la versión digital de la edición revisada. En realidad, las personas de las industrias tecnológicas o de los videojuegos nos fueron de gran ayuda.

Luego aprendimos que es similar a lo que llamamos sistemas de "control de versión" en la escritura técnica. Desde entonces, añadimos "Nota del editor" en la portada de cada actualización de contenido.

Es la concesión de licencias para acceder al contenido. Cualquiera que haya pagado o se le haya dado acceso a la versión digital de mis libros, solo tiene que sincronizar sus dispositivos para obtener la última actualización de versión.

El acceso a la última versión del contenido es lo que los adquirientes de licencia tienen que los compradores las copias impresas no. Sí, soy totalmente consciente de cuando escribo las palabras adiquientes y compradores. Los dos compran por dos cosas distintas.

Os ruego que consideréis revisar las reseñas de los clientes una vez hayáis terminado de leer la versión actualizada de un ebook, es decir, si la plataforma de reseñas del libro lo permite. Eso nos ayudará tanto a los autores como a las editoriales.

***

Hemos estado recibiendo mensajes ofreciendo reseñas pagadas de "compras verificadas". Mi editorial y yo hemos rechazado estas ofertas de esas cuentas.

Para escribir reseñas de clientes, tienes la opción de escribirlas para la editorial y el autor o para los potenciales lectores.

Escoger al destinatario no está relacionado con reseñas honestas o deshonestas, sino con escoger tu estilo de escritura.

Al hacer las reseñas para la editorial y el autor, los lectores escribirán para dar retroalimentación para las revisiones futuras, que pueden ser sobre la historia misma, la autoría, o el precio. Escoger los colegas lectores como tus destinatarios es aportar información valiosa para el público ideal. Probablemente sea más práctico escribir las reseñas de cliente con la mentalidad de un casamentero que la de un agente de *marketing*.

Con la mentalidad de un casamentero, tienes la posibilidad de construir simultáneamente tu comunidad como creador de contenido. No se trata de solamente emparejar libros con sus lectores ideales, sino de también emparejar tus plataformas de redes sociales a tu audiencia ideal, la que tiene preferencias de lectura similares a las tuyas.

En cuanto a los creadores de contenido editorial, nos adentraremos en el tema de creación de contenido en los siguientes cuatro capítulos. El contribuyente para este tema no es otro que la editorial de esta guía de usuario.

El equipo es el que tiene más experiencia dentro de la industria mediática y de información, tanto en formato impreso, digital, de vídeo o de audio. No me parece justa la idea de que yo explique este asunto.

Este es el final de mi porción para la guía de usuario. Nos encontraremos de nuevo en mis otros trabajos escritos. La editorial seguirá a partir de aquí.

7

Para los creadores de contenido editorial

por la editorial

¡Registrad la empresa lo antes posible!
Hemos aprendido nuestra lección. A las malas.

***

Siempre hemos querido compartir estas valiosas lecciones por mucho tiempo pero nunca tuvimos ningún proyecto como vehículo para ello. Finalmente, aquí está este libro cuyo valor está alineado y podría ser relevante para sus lectores.

No se deberían de haber perdido conocidos por el camino. Se podría haber preservado energía. Se podría haber ahorrado tiempo. Podríamos haber ahorrado dinero. ¡Bastante!

Os rogamos que tengáis precaución con individuos que utilizan términos como colaboración, prácticas, e incluso coautor. Sed conscientes de que van a aparecer algún día, y todos deberían estar preparados para tomar decisiones inconvenientes.

Considerad incorporar el negocio de creación de contenido en cuanto veáis que se acerque cualquier colaboración o acuerdo.

Anque sea una empresa de uno, considerad separados a vosotros mismos del negocio.

Aquí estamos separando nuestra perspectiva como editorial de libros independiente. Volvamos a la perspectiva de creador de contenido con el fin de completar este proyecto.

***

Empezamos haciendo contenido educativo en las redes sociales hace casi una década. Era 2016, para ser exactos, pero no fue hasta 2021 que incorporamos la empresa.

En esos años, hubo cientos de vídeos hechos con miles de minutos, si no millones, de grabaciones. Sí, hemos exagerado un poco en la oración anterior. Hubo un montón de trámites para la transferencia de los derechos de esos vídeos.

Imaginad dos vídeos largos por semana solo para un canal. No, nunca tenemos solo un canal. Un nicho por cada canal. Cada canal tiene su público objetivo.

¿Por qué YouTube y no otras plataformas? Porque nuestro equipo tiene una mentalidad maratoniana. Esa es la respuesta simple, ya que no necesitamos complicarnos por ahora.

Los horarios de nuestros trabajos principales nos limitan a seguirnos la cola en las redes sociales. Ese es el mayor factor al escoger la principal plataforma de redes sociales para subir nuestro contenido. Vuestras circunstancias pueden ser diferentes de las nuestras, ya que cada contenido es diferente.

Tomamos un descanso por casi dos años para enfocarnos en publicar libros. Nuestra audiencia tal vez no se dio cuenta de que pasó tanto tiempo porque planificamos las publicaciones de nuestro contenido de dos a tres meses antes de dejarlo.

De hecho, para cuando este libro esté publicado, todavía no hemos retomado nuestra planificación de publicación regular. Durante ese largo descanso, hasta ahora, esos vídeos publicados siguen generando movimiento. Vídeos de hace años siguen siendo vistos mientras escribimos esto.

Los participantes siguen matriculándose en nuestros cursos conline hasta el día de hoy; incluso las compensaciones de nuestros libros siguen llegando. Las cifras de los informes han dado la razón a nuestras hipótesis.

Dejamos de perseguir métricas de vanidad años atrás, ya que lo consideramos un plan para el sprint. La viralidad, las visualizaciones, el tiempo de visualización, los suscriptores y los seguidores ya no son de importancia para nuestra compañía.

El valor que compartimos mediante nuestro contenido tiene que resistir al paso del tiempo, al menos por unos cuantos años más. Este libro es uno de ellos; con suerte el contenido escrito aquí durará.

Todavía hay muchos proyectos en la lista para ser publicados en un año o dos en adelante. Llamamos a cada libro que publicamos "proyecto", no un "manuscrito de libro". Cada vez que trabajamos en un manuscrito para publicar, desarrollamos un proyecto. Al menos es así para nuestro equipo, como en una empresa.

***

A pesar del lenguaje o el formato, el contenido es contenido. Hay una audiencia por cada nicho, formato y tipo de contenido. El contenido puede estar en forma de vídeo, fotografías, audio, e incluso en palabras en una página web o un libro. No olvidemos que la autora R. L. Zareva (o Rada Lyubomirova) puede ser considerada una creadora de contenido, solo en la forma escrita.

Nuestros cofundadores son personas de Oriente que han estado viajando constantemente. Esos trayectos que hemos pasado nos han abierto muchas oportunidades. Mientras más nos alejamos de donde vinimos, más puertas se abrían para nosotros. Comenzamos a publicar nuestro contenido en inglés solo desde 2022.

Si donde rendís mejor es con los vídeos, hacedlos y luego publicadlos. Todo empezó haciendo contenido en el idioma nativo de nuestros cofundadores, si vuestro contenido funciona mejor en vuestra llengua nativa, generad conversación en la lengua hablada.

Acabamos de aprender el año pasado que la localización tiene sus propias ventajas. No todo necesita ser escrito o hablado en inglés, al igual que no todo el mundo habla inglés.

Las conversaciones construyen la conexión con la audiencia porque hay algo en común entre el creador y la comunidad. La relación con la audiencia se mantiene porque el contenido es relevante para ellos.

Volviendo a la actualidad; estamos tratando de llegar a muchas más personas. Nunca habíamos alcanzado a imaginar que nuestros libros llegarían a lugares que ninguno de los integrantes de nuestro equipo ha visitado todavía. Así de fascinado está nuestro equipo por la capacidad del internet.

***

Cada creador tiene un área fuerte diferente. Si el copywriting es vuestro fuerte, entonces rellenad el pie de foto con él.

Escribid esas reseñas de libros en las principales plataformas editoriales de vuestra preferencia, luego distribuirdas en otras distintas. Utilizad el material que ya tenéis.

Somos conscientes de que cada creador de contenido es diferente y tiene metas diferentes. Cada creador de contenido editorial también es diferente de otro. Algunos de los creadores de contenido editorial lo hacen como hobby, otros pueden hacerlo para simplemente tener en manos los libros en físico.

Hay varias razones por las cuales los lectores no quieren obtener los libros en físico. Nosotros, que somos de Oriente, lo entendemos completamente. El transporte y embarque siempre han tenido un gran coste. Además, las aduanas retrasan más la llegada del libro. Estos factores permanecen hasta el día de hoy.

Incluso algunos de los libros que hemos leído en el pasado han necesitado el visto bueno de los organismos inteligentes de la misma región. Los sellos de aprobación de esas agencias en la primera página de los libros definitivamente no podían pasar desapercibidos.

Crecimos con esas penurias solo para leer libros. Sin embargo, esas penurias nos han dado un sentimiento de gratitud. Si nunca hubiésemos experimentado nada de ello en nuestra infancia, no tendríamos una historia que contar en esta guía de usuario.

Los siguientes dos capítulos serán largos. ¡Atentos al impacto! Atentos. Atentos. Atentos.

8

Plan de creador de contenido

por la editorial

Para algunos de vosotros, lectores, puede que os suene familiar la expresión "segmentación de nicho".

Recordad que una página de redes sociales siempre puede pasar de un nicho a otro cuando sea necesario. Hemos modificado nuestras plataformas muchas veces, probablemente más de las que nuestra audiencia es consciente.

En el capítulo anterior hemos mencionado "Un nicho para cada canal." Esto es lo mejor para evitar compararos con nuestro equipo. Podemos decirlo tras años de creación de contenido. Os rogamos que recordéis que cada creador empieza sin ningún seguidor. Para los nuevos en crear contenido, solo tenéis que empezar con una página en una plataforma y luego hacerla crecer.

***

El primer paso es hacer una lista con las categorías de los libros o la temática que os interese leer. Anotadlo bien para poder visualizarlo. Recordad, este paso se trata de todo lo que ya haya entre vosotros y vuestro alrededor.

Se supone que ya tenéis una idea de si sois una persona que informa o entretiene. El tipo de contenido depende del tipo de persona que seáis.

Un creador informativo puede ser mejor creando contenido del tipo educacional, pero si su personalidad en la vida real es alegre y con sentido del humor, puede ser más práctico para él hacer contenido de entretenimiento.

En el futuro, es posible que los dos tipos se fusionen, de modo que el creador sea influyente e incluso instructivo para los demás.

*****

El término "economía del creador" ha existido por casi tres décadas. Paul Saffo de la Universidad de Stanford fue el primero en mencionarlo en 1997. En YouTube, el término pasó de "usuario" a "creador" sobre el 2011.

¿Todavía no ha llegado a la comunidad literaria? Si todavía no, bueno, ahora sí. El segundo paso es crear la empresa y registrar la compañía. Es fácil pensar "¿No es demasiado temprano?"

No se trata de prepararse para cobrar temprano a editoriales o autores al principio de vuestro proceso de creación de contenido. Este paso se trata de prepararse para abrir la puerta a cualquier oportunidad que venga. Imaginad que ponéis un felpudo en el patio que diga "Bienvenidos".

Antes de adentrarnos en el aspecto comercial de la creación de contenido, preguntémonos si alguna vez nos hemos replanteado lo siguiente:

1. Solo he conseguido ARC digitales hasta ahora. ¿Cómo puedo conseguir las copias en físico?

2. ¿Cómo puede uno conseguir los paquetes de PR? ¿Debo tener un gran número de seguidores en las redes sociales?

Hay que hacer una pregunta importante al remitente antes de dar la dirección de correo electrónico: *"¿Me están pidiendo hacer contenido sobre las cosas que voy a recibir?"*

En algunas regiones, la respuesta a la pregunta puede (o no) ser considerada un acuerdo verbal. Si la respuesta es afirmativa, puede (o no) ser considerada un ingreso no montario, dependiendo de vuestra residencia fiscal.

Si la respuesta es negativa, existe la posibilidad de que la editorial o el autor planee deducirlo como un regalo de empresa, dependiendo de la localidad del registro del impuesto comercial.

Los creadores necesitan preguntar al contador público certificado (CPA por sus siglas en inglés *Certified Public Accountant*) o al abogado fiscalista sobre este tema. Se trata de **quién** va a declarar **qué** y en **qué** declaración fiscal.

No lo sabréis a menos que la otra parte lo revele; es un asunto interno sobre cómo se llevan a cabo las prácticas dentro del negocio. Tampoco se requiere en todas las regiones que todos revelen algo.

***

Antes de continuar con la parte de las ganancias, necesitamos comprender el coste de crear contenido.

Como este libro atiende al nicho de creadores de contenido que aman leer, por supuesto, es muy probable que vuestro contenido sea sobre libros. Mientras Rada Lyubomirova prefiere utilizar "reseña del cliente" en lugar de "reseña del usuario", nosotros, la editorial, preferimos lo opuesto.

Los creadores de contenido de las redes sociales (o influencers) han comenzado a hacer contenido generado por el usuario (UGC por sus siglas en inglés). El término puede ser más común en el estilo de vida de la comunidad influencer que en la comunidad editorial. En los últimos años, los negocios de UGC han crecido en popularidad.

Algunos de los creadores incluyen los productos o servicios que reciben mediante la colaboración o asociación. De esa manera, se pueden reducir costes. Cada colaboración es diferente; los creadores pueden ser tanto contratistas como embajadores de la marca exclusivos (o no exclusivos).

Vosotros, como creadores de contenido editorial, puede que no hayáis recibido ninguna ARE en físico o un paquete promocional todavía. Esto no es para desanimar a ninguno de vosotros, pero debido a ello, hay que planificar un presupuesto.

Cualquiera puede empezar reseñando los libros disponibles en casa y aprovechando al máximo el entorno. Algunos prefieren construir sus estudios en casa, mientras que otros prefieren ahorrar dinero y usar la luz natural gratis.

Aquí es cuando el registro de la empresa entra en juego. Preguntad al contador público o al abogado que ejerce en fiscalidad en vuestra residencia fiscal quién está certificado.

Preguntad a cualquiera de ellos sobre el tipo de elementos que se pueden deducir fiscalmente y cuál es el límite para cada uno de ellos. Cada agencia tributaria en cada región tiene su propia lista de impuestos deducibles con varias limitaciones en la cantidad.

Preguntadle a cualquiera de ellos en específico sobre vuestro negocio de creación de contenido editorial. Preguntad si los libros pueden ser incluidos en los deducibles de la información fiscal de vuestro negocio. Preguntad cuánto entra en el límite. Preguntad. Preguntad. Preguntad... al detalle.

Este es el final del tercer paso. Dejaremos el tema aquí, ya que no tenemos el certificado ni la licencia para ejercer en la práctica fiscal de ninguna región.

***

La principal razón por la que preferimos referirnos a ella como reseña del usuario es simplemente porque el usuario ya tiene el material a su alcance. Sabemos esto porque hemos estado haciendo UGC o CGC por varios años.

El cuarto paso es sobre maximizar lo que tenemos. Leed libros que ya están en vuestras estanterías o prestados de las bibliotecas, escribid reseñas de usuarios y subidlas a las plataformas editoriales. Siempre y cuando escribáis las reseñas vosotros mismos, pueden convertirse en UGC.

Si las plataformas de las redes sociales permiten descripciones largas, lo más seguro es que la forma más fácil sea convertir las reseñas en *copywriting*. Se pueden utilizar como descripción de la foto.

Para los creadores que se sientan cómodos hablando en frente de la cámara, recordad que ya tenéis un logro conseguido. Las reseñas de usuario se pueden transformar en guiones de vídeo.

Puede sonar raro leer los guiones al principio, pero no es necesario leerlos en voz alta como los presentadores de las noticias leen su teleprompter. Incluso ahora, nuestro equipo todavía usa notas escritas mientras graba.

Publicamos este libro por primera vez como un registro guiado junto con la versión digital. El libro físico estará disponible en unos seis meses después del *ebook*. Hay razones para ello.

Una de ellas es para que escribáis la reseña con bolígrafo en papel. ¿Recordáis cuando mencionamos lo de escribir las reseñas por vosotros mismos? Para que cuando sea hora de convertirlas en guiones de vídeo, no tengáis más que recordar la información previa del libro.

Es intencionado recordar el momento en el que leéis el libro, el momento en el que escribís la reseña en el papel, el momento en el que la releéis antes de subirla, y cuando escribís la reseña online. La información ya ha sido valorada en vuestra mente.

No hay necesidad de estresarse el día de la grabación, pero es importante estar preparados. Esto es lo que ha estado pasando en nuestro equipo, lo que se escribe como notas se puede explayar en el día de la grabación. Las cosas que se nos cruzan por la mente en el momento seguramente nos darán más detalles que nuestras notas pueden haber perdido.

Lo que ocurre a nuestro alrededor durante el día de grabación puede fácilmente añadir algo a nuestras grabaciones. Vosotros seguid adelante. No importa lo graciosa que se vea vuestra expresión, mantened la cámara grabando. Nadie puede garantizar que los eventos grabados vuelvan a ocurrir.

El tiempo vuela fácil y rápidamente en el día de grabación. Las cámaras DSLR están limitadas a 29 minutos aproximadamente para cada grabación. No adivinaríais cuántas veces nuestras cámaras dejaron de grabar automáticamente. Aquí os lo decimos: innumerables veces.

Tanto si esos eventos espontáneos e impredecibles se necesitarán en el vídeo final o no, no es algo en lo que tengamos que pensar por ahora. Para nuestro equipo, por lo menos, preferiríamos que nos sobre a que nos falte.

En un día de grabación en serie, usualmente podemos conseguir de 6 a 8 tomas, las cuales se pueden dividir en dos meses de contenido semanal para canales diferentes. Mientras más años haga vídeos nuestro equipo, más necesitaremos cortar nuestras tomas en bruto en vídeos más cortos.

Aquí el tiempo es el activo y la moneda al mismo tiempo. Esas grabaciones extras son activos que pueden comprarnos algo de tiempo en el algoritmo cuando necesitamos unos días (o semanas) de descanso.

Depende de la red social principal de vuestra preferencia. Algunas redes sociales necesitan unos cuantos días para dar un respiro entre cada publicación; otras puede que necesiten múltiples publicaciones diariamente para mantener el rendimiento.

***

El quinto paso es predecir los flujos de ingreso. La frase anterior incluye una forma en plural. Al empezar, empezad por uno; el resto lo seguirá.

La fuente de ingreso más accesible cuando nosotros estábamos comenzando eran los programas de afiliados. Al escanear el código QR que proporcionamos en este libro, podréis ver una lista de varios enlaces de afiliados que, todavía en estos momentos, siguen generando ganancias para nuestro equipo.

Los creadores de contenido editorial no necesitan tener ningún contacto de ninguna editorial o autor para ser afiliados. Desde el punto de vista de la editorial, es mejor que cobrar a los autores independientes por sus menciones en las redes sociales.

Hay muchos mercados de programas de afiliación disponibles en la red. Algunos de ellos incluso tienen una aceptación instantánea, sin tener en cuenta vuestras métricas de vanidad.

Otra fuente de ingresos es el Fondo para Creadores (*Creator Fund*). Las diferentes plataformas de redes sociales tienen diferentes requisitos para sus programas. Algo que tenemos que recordar es que queremos una audiencia leal, no una que haga clic para salir de nuestro vídeo e ir a la página web del anunciante.

Los creadores de contenido que han construido una base de seguidores podrían prosperar con el programa de fondos. Otros creadores prosperan de las inversiones hacia los negocios fuera del fondo.

9

Tarjeta de tarifa para redes sociales

por la editorial

Hay contenido que tiene elementos educacionales; otros, elementos promocionales. Esta guía de usuario o registro guiado es una mezcla entre los dos.

La versión digital se publica antes porque el manuscrito está repleto de SEO (*Search Engine Optimization* por sus siglas en inglés). Parece poco natural deletrear la última palabra del término con la letra -z-.

Por el bien de los metadatos, hemos escrito *optimization* en lugar de *optimisation*. Aunque también preferimos el participio *spelt* en lugar de *spelled*.

"¿Y eso qué importa?" También hemos visto reseñas de usuarios mencionando faltas de ortografía. Somos conscientes que no todo el mundo sabe que no todo autor escribe con la variante estadounidense.

A veces no somos conscientes de que nuestra configuración de dispositivo cambia del inglés del Reino Unido al inglés de Estados Unidos o viceversa. A nosotros también se nos olvida volver a cambiarlo.

"¿Y eso qué importa otra vez?" Lo hemos aprendido de hacer contenido pagado en el pasado. La descripción de vídeo es donde llenamos los metadatos. Las faltas ortográficas conciernen las palabras escritas, pero hay algo que es peor que las faltas para el contenido que tiene audio en él.

La laringación (mejor conocida como *vocal fry*) al final de la frase se lee potencialmente como "inaudible". La plataforma de la red social puede transcribirla como ilegible en los subtítulos automáticos. De esa manera, puede impactar en cómo el algoritmo promociona el contenido que publicáis.

Si alguien se pregunta sobre piezas de equipamiento en las que invertir, responderemos espontáneamente "en equipo de sonido". Pero eso no importará si el creador no habla con claridad. No hay equipamiento capaz de arreglar eso.

No hasta el cuarto trimestre de 2016 que subimos nuestro primer vídeo. Al principio de ese año, nos inscribimos en cursos de voz con locutores de radio y practicamos casi todos los días antes de hacer cualquier contenido.

No es una cuestión de acento o dialecto del creador de contenido, se trata de la claridad de la voz hablada, especialmente cuando anunciamos nombres de libros y el nombre del autor.

Ya que mencionamos el tema de la comunicación clara, aprovechamos para añadir esta información. Supuestamente, R.L. Zareva es lo suficientemente fácil como para que los lectores lo pronuncien. Está bien si los creadores deciden utilizar el seudónimo de la autora. Escoged lo que sea práctico para construir vuestra audiencia.

/ Rā.da.Lu.bŏ.mī.ro.va / es el símbolo fonético de Рада Любомирова. Para los libros escritos por ella, transliteramos el nombre como "Rada Lyubomirova".

"Podéis escoger cualquiera de ellos", nos dijo. "Es solo un nombre", nos dijo. Aquí tenéis el permiso de la autora relegado.

***

Hasta ahora solo hemos estado mandando saludos. ¿Podemos continuar construyendo una tarjeta de tarifa (o presupuesto) para cuando ofrezcáis vuestros servicios? ¡No, no, no tan rápido! Sería de gran ayuda establecer primero los límites.

El creador A puede aparecer en la página del creador B a cambio de que el creador B aparezca en la página del creador A. El tema puede ser el mismo o diferente. La colaboración entre contenidos puede ser la manera más fácil de todas.

A lo que nos referimos como "mencionar" o "mandar saludos" es en realidad poner el nombre de la cuenta de la marca en la descripción o etiquetarlos en nuestra publicación. En algunos acuerdos, también incluye pronunciar a la marca en un post, pero el vídeo en sí tiene que ser realmente sobre otro tema.

La versión más larga del saludo es una "publicación patrocinada". Este anuncio improvisado se inserta comúnmente en la duración más larga en medio del vídeo. Algunos contratos incluso determinan el minuto exacto y la duración donde ponerlos.

Las publicaciones dedicadas suelen ser las que más tiempo toman en producirse. Un vídeo de *unboxing* puede considerarse la versión más corta de ellas. La mayoría de veces, las publicaciones dedicadas incluyen un vídeo explicativo A, un vídeo de metraje B y una presentación detallada del producto destacado. Los creadores de algunas regiones (o países) tienen la obligación de añadir un aviso de contenido publicitario para las colaboraciones o patrocinios pagados. Si vamos a hacer una reseña imparcial del producto o servicio, solemos esperar por un tiempo, y luego hacemos otro vídeo de reseña.

El siguiente vídeo se suele excluir del contrato pagado, pero cada contrato es diferente. Puede ser una reseña de usuario de un libro que se ha convertido en un vídeo de UGC. Una cosa puede llevar a otra y llevar a más en el futuro. Comúnmente llamamos a esto Contenido Generado por el Creador (CGC).

La colaboración *gifted* es lo que suele construir el CGC. Las colaboraciones de contenido de regalo tienen muchos nombres que a veces son confusas para nuevos creadores de contenido. No está relacionada con dinero. El creador de contenido literario recibirá un libro a cambio de contenido para promocionarlo en la página del mismo.

Este tipo de colaboración depende en gran medida de la región donde viváis. Cada región tiene una perspectiva diferente al discernir si el producto o servicio de regalo en sí es una compensación no monetaria.

El valor del libro debe ser declarado en el informe fiscal si estáis en una región donde se considera como una compensación no monetaria. Como hemos mencionado en el capítulo anterior, es importante preguntar sobre los requisitos antes de firmar un acuerdo

Estos son algunos de los términos para el mismo tipo de colaboración: colaboración por regalo, colaboración de influencer por regalo, asociación en especie, etc.

La siguiente es la colaboración pagada, que es cuando un creador de contenido literario recibe un libro de un autor o editorial y recibe una comisión por hacer contenido promocionando el libro. En algunas regiones, el libro se considera una compensación no monetaria aparte de la cantidad de dinero pagada; mientras que en otras regiones, el libro se excluye del informe fiscal. Una vez más, es importante estar bien informados antes de acceder a cualquier tipo de colaboración.

Si el autor o la editorial ejercen su actividad en un país diferente del creador, todo tiene que quedar claro antes del envío. No solo a efectos de declaración de impuestos, sino también para el despacho de aduanas si el órgano gubernamental donde reside el receptor aplica aranceles.

La Caja PR (o Paquete) es un riesgo común de hacer negocios como un autor o editorial. En algunas regiones, esta es un artículo deducible de impuestos. La desventaja es que no hay un acuerdo o garantía de que el creador de contenido hará ningún contenido promocionando el libro o al autor.

Los acuerdos de representante o embajador de marca requieren más detalle al que prestarle atención. El contenido que el creador hizo es para publicar en la página de la marca. Los trámites típicos son la autorización de divulgación, la licencia de uso comercial y la licencia de emisión.

Para propósitos administrativos, la agencia del creador o la gestión de talento podrían ser de ayuda. No todos los creadores necesitan inscribirse en cualquier agencia, esto depende de vuestras necesidades en la fase de vuestra creación de contenido.

***

Finalmente, llegamos a la parte de construir una tarjeta de tarifa para los servicios de creación de contenido. Con el fin de crear una, cada creador necesita tener las valoraciones de todas las plataformas que el creador utiliza.

Desde corta hasta larga duración. Contenido con proporciones horizontales cuadradas, y verticales. La siguiente pregunta viene de un equipo que ha estado produciendo y gestionando contenido multiplataforma por casi una década. Hacemos humildemente esta pregunta a los creadores de contenido editorial que leen este libro:

"Tras recibir vuestras valoraciones, ¿estáis seguros de que queréis cobrar una tasa a un autor autopublicado que ha invertido su tiempo y cientos, sino miles, de dólares de su bolsillo al publicar sus libros, especialmente autores debutantes?"

Desde el primer día de planificación de este proyecto, hemos sido conscientes de la posibilidad de los lectores que sean aspirantes a autores. Os rogamos que seáis considerados al planificar la manera de monetizar vuestro contenido; algún día, uno de vosotros puede estar en nuestro lugar.

Hemos oído muchos creadores de contenido literario decir "Yo apoyo a los autores independientes". Pero una vez ofrecen cualquier servicio a las editoriales o a los autores, el creador de contenido puede (o no) convertirse en un contratista de régimen abierto. La editorial o el autor son los que contratan.

Depende de qué se considera a un acuerdo informal en qué región; ya sea como reseñador de ARE o como miembro de un equipo de promoción, el creador de contenido puede ser considerado para recibir compensación no monetaria.

Esta parte no es para alardear humildemente de nuestra experiencia. A lo largo de los años, hemos aprendido cómo calcular las cuentas de redes sociales, ya sea de manera automática o manual. Nuestras valoraciones de plataformas varían de un par a cientos de dólares por publicación. Os rogamos que consideréis otras opciones de monetizar vuestro contenido de redes sociales en lugar de cobrar a autores o autoeditores.

Para los lectores de la version digital, añandimos la lista de proveedores para la valoración de redes sociales que podéis consultar. Si cualquiera está seguro de ofrecer servicios a editoriales o a autores, haced el presupuesto tan claro como sea posible antes de firmar cualquier cosa.

A continuación están los artículos que más comúnmente se incluyen en un presupuesto para 1 (un) tipo de servicio. Si se ofrecen más de un servicio, entonces cada servicio debe ser desglosado.

1. Formato de contenido: texto, foto o vídeo.

2. Proporción para el contenido no textual: 16:9, 1:1 o 9:16.

3. *Copywriting* para contenido no textual: incluido o excluido.

4. Guion para contenido de vídeo: incluido o excluido.

5. Plataformas de red social: _____(*especificar*)

6. Vida útil: temporal (*24 horas, 1 semana, o* _____) o permanente.

7. El tipo de *marketing* de influencer: mención, publicación patrocinada, publicación dedicada, o representante.

8. El tipo de colaboración: colaboración de contenido, contenido de regalo, o _____

9. Tasa por el servicio: $_____

Cost Estimation

TO PRODUCE CONTENT

MAXIMUM BUDGET: QUARTER/YEAR:

SOCIAL MEDIA PLATFORMS: CONTENT QTY

☐ MAIN ☐ DISTRIBUTION ☐ DAILY ☐ WEEKLY

☐ MAIN ☐ DISTRIBUTION ☐ DAILY ☐ WEEKLY

☐ MAIN ☐ DISTRIBUTION ☐ DAILY ☐ WEEKLY

BUDGET:
☐ BOOK BUYING
☐ EBOOK PLATFORM MEMBERSHIP
☐ AUDIOBOOK PLATFORM MEMBERSHIP
☐ EQUIPMENT
☐ TOOLS
☐ OTHER BOOKISH MERCHANDISE

Imagen 9.1 Estimación del coste

Income Streams
PROJECTION

GOAL: ____ % OF THE BUDGET ____ QUARTER/YEAR: ____

INCOME SOURCES: CONVERSION TARGET

☐ _____

☐ ACTIVE   ☐ PASSIVE ☐ MONTHLY ☐ WEEKLY

☐ _____

☐ ACTIVE   ☐ PASSIVE ☐ MONTHLY ☐ WEEKLY

☐ _____

☐ ACTIVE   ☐ PASSIVE ☐ MONTHLY ☐ WEEKLY

GOALS:
☐ AFFILIATE MARKETING
☐ MERCHANDISE SALES   _____
☐ DIGITAL PRODUCTS   _____
☐ CREATOR FUND   _____
☐ SPONSORSHIP   _____
☐ BRAND DEAL   _____

Imagen 9.2. Pronóstico de ganancias

10

Nota importante

de la editorial y la autora

Algunos dicen que durante la lectura de las primeras páginas pensaron que ese libro no era para ellos. Está bien, Rada Lyubomirova no suele desplegarlo todo en el primer cuarto del libro.

A partir de un par de capítulos del principio, uno podría asumir que su libro se trata de X, pero lo más probable es que el mensaje principal no sea ese; lo más probable es que las capas de las historias se hayan construido sobre Y por la mitad, si no es sobre Z.

Algunos creadores literarios podrían decir que los lectores de Dostoyevsky, Tolstoy, Akhmatova, Chekov, Turgenev, Bugakov, Lermontov, Gogol, Gorky, Pushkin, Zamyatin, Goncharov, Solzhenitsyn, Karamzin, Solokhov, Ostrovsky, Nabokov, Zoshchenko, o muchos más están al "otro lado" de la comunidad literaria.

Los trabajos mencionados anteriormente pueden ser considerados como tipos diferentes de lectura para algunos. Sin embargo, en algunas regiones del planeta, son lecturas obligatorias en el currículo escolar.

Los autores que han leído los libros mencionados anteriormente durante su adolescencia o juventud adulta posiblemente escriban sus trabajos de manera diferente de aquellos que no. Rada resulta estar en esta primera categoría.

Como muchos han sido engañados por los trabajos de ficción de Rada Lyubomirova, el lector de este libro podría haber sido engañado también. Como ella mencionó al principio de este libro, la intención de R.L. Zareva era escribir una guía de usuario. Esa era la suya, pero no la de la editorial.

Como podréis ver, aplicamos su estilo de *plot twist* en esta guía de usuario. Si vosotros, como lectores, encontráis valor a través de esta guía de usuario o registro guiado, eso sobrepasará nuestras expectativas.

Desde el punto de vista de la editorial, esta guía de usuario es simplemente una herramienta de *marketing* para promocionar sus otros trabajos. En este punto, o bien ya habéis visto el porfolio de trabajo de Rada en las primeras páginas, o incluso peor, los lectores se han adentrado en la madriguera del conejo al utilizar el código QR.

La conversión potencial es bien mediante la colección de libros de Rada Lyubomirova, los libros de otros autores que publicamos, o los enlaces de afiliados que aparecen en la página de destino. De cualquier manera, estaréis apoyando a nuestro equipo.

Las métricas de vanidad suenan de maravilla, pero la tasa de conversión es más importante para nosotros. Esto es lo que vosotros, como creadores de contenido, necesitáis determinar: "¿Hacia dónde dirigís vuestra audiencia? ¿De qué conversión estáis generando ingreso?"

He aquí otro *plot twist*: este libro no es la única herramienta de *marketing*. La cantidad de novelas contemporáneas que regalamos en comparación con sus novelas históricas ficticias es similar a la altura del nivel del cielo en comparación con la profundidad del océano.

Ninguna de las novelas escritas por Rada Lyubomirova ha sido planeada para ser un producto. Siempre han sido herramientas de *marketing* para sus productos: las novelas históricas ficticias.

Por ahora, los lectores en EE. UU. pueden conseguir las licencias de las versiones digitales de las novelas gratis escaneando o haciendo clic en el código QR. Os proporcionamos enlaces de canje para acceder a ellos. Si el tiempo lo permite, apreciaremos vuestra retroalimentación.

***

Rada Lyubomirova y todas las cofundadoras de esta editorial son, de hecho, mujeres que trabajan en campos con predominio masculino.

Gracias a trabajar entre hombres, seguimos aprendiendo a elaborar estrategias y construir planes alternativos. La forma en la que desarrollamos nuestros proyectos y cómo el autor cuenta la historia puede parecer diferente para algunos. Mediante la publicación de nuestros libros hemos construido puentes desde nuestras oficinas hasta vuestras manos. Desde el primer día en el que trabajamos en la primera novela de Rada, nos hemos dado cuenta de que no toda mujer tiene la oportunidad (o está dispuesta) a trabajar en un campo dominado por los hombres.

Como mujeres trabajadoras, consideramos un privilegio que nuestro proceso de pensamiento se vea desafiado. Los desafíos y la competencia son diferentes que en las industrias con equilibrio de género, por no hablar de las dominadas por las mujeres. Muchas de las cosas que observamos y escuchamos, en su mayoría, se mantienen en silencio.

Las lecciones y mensajes merecen ser transmitidos. Vamos a daros una idea de nuestros entornos de trabajo. Puede que hayáis notado que las portadas de las novelas de Rada muestren la ocupación o actividad de los protagonistas masculinos.

Viajar también forma parte de nuestros trabajos principales. El estilo de vida de alta

movilidad también nos hace más fuertes. Muchos son los factores en la carretera que nos enseñan muchas lecciones.

Crear contenido en internet pule nuestro nivel de paciencia. Tanto crear contenido como publicar libros requieren mucho trabajo aquí y ahora.

A pesar de ello, nos consideramos a nosotras mismas muy generosas con las compensacioens de nuestros libros u otros productos digitales por ahora. Durante la totalidad de este proyecto, puede parecer que lo tomamos todo con calma, incluso con gratitud por cada cosa.

No es que no nos tomemos nada en serio, sino que muchas veces nos reímos de la vida misma. Además, la risa es contagiosa. Desde nuestra crianza llena de retos y restricciones hasta probar suerte en el extranjero, incluso las cosas simples nos dan la oportunidad de ser agradecidas.

Apostamos por nosotras mismas. Nunca nos imaginaríamos publicando cualquier cosa en territorio extranjero. Ninguno de los miembros de nuestro equipo es hablante de inglés nativo. He aquí el *plot twist* final en este libro: los libros que publicamos son para el futuro.

Estamos agradecidas de si pueden aportar valor para otros y generar resultados monetarios para nuestro equipo en el presente. Nuestros miembros de equipo están en un juego mental de maratón, nunca en un *sprint*.

Los proyectos en los que hemos estado trabajando son lo que consideramos nuestros fondos de jubilación; por el momento, tenemos nuestro trabajos principales. Cuando ya no estemos aquí, todos lo proyectos de convertirán en nuestro legado para la futura generación de lectores y audiencia.

Esperamos, una vez más, que el contenido de nuestras publicaciones vaya a resistir la prueba del tiempo para ser siempre pertinente, incluyendo este mismo libro.

Gracias por leer nuestros trabajos. Es hora de que os pasemos la torcha a vosotros, lectores.

***

Sobre R.L. Zareva

Seudónimo: Rada Lyubomirova

La primera revelación que la autora está dispuesta a hacer es que la autora es, de hecho, una mujer.

En el lugar de donde viene la autora, la única identidad de género que se puede pronunciar es la asignada al nacer, y la única preferencia sexual permitida es la heterosexual.

Ella ha llegado a la mayoría de edad para escribir sus trabajos de ficción para adultos. Sus trabajos están restringidos al público menor de edad y tampoco son adecuados para lectores con sensibilidad hacia ciertos temas o expresiones del lenguaje.

La segunda revelación es que ella es descendiente de más de dos grupos étnicos y razas. Vive en una unidad familiar en la que se suman más de dos grupos étnicos y razas a la mezcla.

La autora no está dispuesta a desvelar todo de la mezcla solo en aras de la transparencia. La demanda de los lectores por ello ha sido transmitida en varias ocasiones en las redes sociales; pero no valía la pena poner en peligro la seguridad de la autora ni comprometer el bienestar de sus seres queridos debido a esta demanda.

Apreciamos la comprensión de todos respecto al tema en cuestión. Sin embargo, debemos evitar que alguien se haga pasar por Rada Lyubomirova o R.L. Zareva en internet. Como la autora mantendrá su anonimato en el futuro, es esencial incluir el perfil de la autora en nuestra página web.

***

Sobre la editorial

Además de publicar libros de ficción y no ficción, Compendia Publishing crea contenido en reces sociales y ofrece cursos en línea.

Escanead o haced clic en el código QR anterior para ver nuestro porfolio de trabajos.

***

Gracias por comprar la copia original de este libro. Vuestra retroalimentación ayudará tanto a la editorial como a la autora en nuestros trabajos futuros.

www.ingramcontent.com/pod-product-compliance
Lightning Source LLC
Chambersburg PA
CBHW071215120626
46546CB00006B/2573